ここからはじめる
不調知らずの体になる

発酵食

発酵生活研究家
栗生(くりゅう)隆子

家の光協会

私が発酵食生活をはじめた理由

この本では、私が実践している発酵食のレシピをご紹介しています。
発酵食を手づくりしておき、それを料理に加えるというものです。
なぜ、このような食生活を続けているのか、まずはその理由からお話しします。

ある日突然、原因不明の不調に

14歳のとき、突然、原因不明のめまいや頭痛、下痢の症状が起こりました。病院で診察してもらったところ、「潰瘍性大腸炎」と診断され、抗生物質を処方されました。実は、歯の詰め物に使われたアマルガムという水銀が原因だったことが最近になってわかったのですが、20年間、東洋医学、西洋医学のあらゆる治療を受けても一向によくならず。さらに、抗生物質を飲み続けたことで、腸内の善玉菌や悪玉菌を失い、腸内環境が大幅に悪化しました。薬は7年ほど飲み続けた結果、全く効かなくなり、何を食べてもほとんど消化できなくなってしまいました。

甘酒を飲んで腸内環境が整いはじめた

ある日、たまたま立ち寄った物産展で、東北の酒蔵の杜氏さんに甘酒を勧められて、飲んでみました。すると、飲んだ瞬間に腸がホッとするのと同時に、おなかに力が入るのが分かりました。「これは、腸にいい!」と直感で思いました。その後、自分で甘酒をつくってみたり、ほかの発酵食もいろいろと試してみるように。そして、みそやしょうゆ、お酢などの発酵調味料にもこだわるようになりました。すると、腸内環境が徐々に整い、体調もどんどん回復していきました。おそらく、発酵食を積極的に取り入れるようになったことで、腸内で失われてしまった善玉菌・悪玉菌が復活したのだと思います。

自家製の発酵食品は無添加なので安心

発酵食を手づくりすれば、使う食材を自分で確認できますし、添加物が入っていないので安心です。また市販品は、大抵は発酵止めをしています。それは、発酵し続けると味や品質が変わるため、一番いい段階で火入れをして、菌の活動を抑えているからです。それまでにつくられた栄養素がなくなるわけではありませんが、これでほとんどの菌は失活してしまいます。それに比べ、手づくりしたものは発酵が続くので、生き生きとした菌が摂取できます。

ただし、必ずしも生きた発酵食がいいということではありません。弱っているときに、元気すぎる菌を摂取すると逆に腸が負けてしまうことがあり、その場合、火入れをした発酵食のほうが腸にやさしいこともあります。それに、失活した菌でも、腸内菌はそれを栄養源として増えていくので、腸内環境が整っていきます。

発酵食をとると
体にどんないい効果が？

　発酵とは、微生物（菌）が繁殖を繰り返し、食材に含まれるでんぷんやたんぱく質を分解し、アミノ酸や糖分などの新しい栄養成分を生成すること。微生物（菌）の活動によって、元の食材にはないおいしさや、有益な栄養成分が加わった食品へと生まれ変わります。

　人が食べものを消化するときには、酵素が必要です。体内にある潜在酵素には消化酵素と代謝酵素があり、その量は一定なので、消化に酵素が多く使われると、代謝に使う酵素は少なくなります。ですから、なるべく消化酵素を使わないほうが代謝がよく、健康でいられるのです。発酵食には食物酵素が多く含まれているため、消化を助けますし、すでに分解されているので、消化酵素が多く使われることなく、体に負担をかけないというメリットがあります。また、腸内環境がよくなることで、免疫細胞も活性化されます。

基本調味料は
本来のつくり方のものを

　みなさんに発酵食のことをお伝えすると「何からはじめたらいいですか？」と聞かれることがあります。発酵食をつくることが大変な方には、基本の発酵調味料であるみそ、しょうゆ、酢、酒などを、昔からの材料を使って本来の製法でつくられたものにすることをおすすめしています。料理の土台にな

るものですから、とても大事です。

　また、空気中にも腸にも多様な菌が存在していて、その人それぞれに合う菌というものがあります。ひと口に、ヨーグルトといっても菌の種類はさまざまなので、いろいろと試してみて、自分に合ったものを見つけるのもよいでしょう。本書で紹介している手づくりの豆乳ヨーグルトだと、豆乳を媒体として、いろいろな菌が共生できるといわれています。

よい発酵環境を
つくることも大事

　すべての発酵食づくりで同じことがいえるのですが、その空間に存在する菌が発酵食に影響を与えます。つまり、つくる環境によって、厳密には違うものができ上がるのです。世界にはいろいろな発酵食がありますが、湿度と温度によって菌の種類はそれぞれ違うものになります。酒やしょうゆをつくる麹菌のアスペルギルス・オリゼーは、日本にしか存在しない菌です。ですから、これを中国やヨーロッパへ持って行ったとしても、時間がたつにつれて変容し、その土地の気候、風土に合った発酵食になっていきます。

　おもしろいのは、発酵食づくりをしていると、空気中に浮遊している菌同士が付着して相乗効果が生まれ、室内もどんどん発酵しやすい環境に整っていくことです。そして、それを食べた私たちの細胞も活性化するというよい循環になるのです。

私が食べている発酵食の献立

つくりおき発酵食で献立もラクラク

　今ではすっかり腸の不調は完治しましたが、発酵食生活はそれ以来ずっと続けています。昔ながらの製法でつくられた基本調味料を使い、いろいろな発酵食を手づくりして、それを毎日の献立に加えるのです。なるべく多種類の発酵食を取るほうが、バランスがいいなと感じることと、毎日同じ発酵食では飽きてしまうので、冷蔵庫にはいくつもの発酵食をストックしています。ただ、最初からたくさんの発酵食をつくるのは大変なので、まずは、気になる発酵食を一品つくってみて、気に入ったら、徐々に広げていくというやり方でいいと思います。

　みなさんの中には、朝ごはんを食べないという方や、食べても軽くすませるという方も多いと思いますが、私の朝ごはんは、いくつかのおかずとみそ汁（汁もの）でバランスのよい献立にしています。私はこれを、「発酵食プレート」と呼んでいます。おかずは、ストックしておいた常備菜などを、冷蔵庫からいくつか出すだけ。なので、品数は多くても、準備に時間はかかりません。温かいみそ汁を毎日一杯飲むだけで元気になります。肩こりや便秘、冷えなど、さまざまな不調が改善されると思います。

自分の健康は自分で守る

　不調を感じてすぐ病院や薬に頼るのではなく、どういう治療法を選ぶのか、また病気になる前の予防医学も大切だと考えています。私の経験から大事だといえるのは、日々の食事、それから体を温めること。毎日の小さな積み重ねが大きな病気の予防になります。

　発酵食づくりをしていると、菌の躍動を目の当たりにすることから、それを食することによって自分の細胞も活性化することを感じています。そして、自分の健康は自分で守るという自信がついてきました。もし、みなさんの中に不調を感じている方がいらっしゃるなら、まずは、食生活から改善してみませんか？　私が実践している発酵食生活は、思っているほど難しくはありません。簡単でおいしいから、こんな私でも続けられるのです。

朝

和食の朝ごはんは、甘糀納豆と黄身のしょうゆ糀漬け、柿酢の漬けもの、ごぼうの梅煮、塩糀のきのこ汁の「発酵食プレート」。おかずは冷蔵庫から出すだけ。

朝

洋食の朝ごはんには、手づくりの豆乳ヨーグルトを。自家製ザワークラウトをたっぷりはさんだサンドイッチと、柿酢のフルーツサワードリンクでさっぱりと。

昼

昼食は、ワンプレートでつくれるパスタやどんぶりもので軽めに。酸味とうまみがある発酵トマトを使えば、トマトソースもすぐにおいしくできます。

晩

夕食は、定番のハンバーグに付け合わせの野菜、にんじんのポタージュ。ハンバーグには発酵玉ねぎを使うので、玉ねぎをみじん切りにする手間いらず。

もくじ

3　私が発酵食生活をはじめた理由
6　私が食べている発酵食の献立

第1章

つくりおき発酵食のレシピ

14　つくりおき発酵食のうれしいポイント

16　発酵玉ねぎ
17　発酵トマト
18　ザワークラウト
19　水キムチ
20　甘糀
21　甘糀コチュジャン
21　甘糀みそ
22　塩糀
23　しょうゆ糀
24　豆乳ヨーグルト
25　大根の甘糀べったら漬け
25　白菜の甘糀漬け
26　きのこの塩糀漬け
26　キャベツの塩糀漬け
27　きゅうりのしょうゆ糀漬け
27　セロリのしょうゆ糀漬け
28　みょうがの柿酢漬け
28　かぶの柿酢漬け
29　柿酢について

30　みそ汁の素について

第2章
朝ごはんの献立

- 32 献立1
  - 甘糀納豆
  - 塩糀のきのこ汁
  - 黄身のしょうゆ糀漬け
  - ごぼうの梅煮
  - かぶとみょうがの柿酢漬け
  - ごはん

- 34 献立2
  - 塩鮭の甘糀漬け焼き
  - 塩糀小豆かぼちゃ
  - オクラのしょうゆ糀あえ
  - キャベツの塩糀漬け
  - 豆腐のみそ汁
  - ごはん

- 36 献立3
  - しょうゆ糀ひじきの混ぜごはん
  - 五目酢炒り
  - しじみのみそ汁
  - 大根の甘糀べったら漬け

- 38 献立4
  - 根菜のみそ汁
  - おにぎり(練り梅、練りみそ)
  - 昆布と干ししいたけの佃煮

- 40 献立5
  - ザワークラウトと
    スモークサーモンのカラフルサンド
  - フルーツとグラノーラの
    豆乳ヨーグルト
  - 柿酢のフルーツサワードリンク

- 42 献立6
  - 塩糀鶏ハムのサラダ
    豆乳ヨーグルトソース
  - トマトの豆乳ヨーグルトスムージー

常備菜いろいろ

- 44 ひじきのしょうゆ糀煮
- 44 塩糀小豆かぼちゃ
- 45 ごぼうの梅煮
- 45 昆布と干ししいたけの佃煮
- 46 五目酢炒り
- 47 甘糀納豆
- 47 甘糀練りみそ
- 47 甘糀練り梅
- 48 黄身のしょうゆ糀漬け
- 48 塩糀鶏ハム

第3章

昼ごはんの献立

50 献立 1
◎まぐろのしょうゆ糀漬け丼
◎なめこのみそ汁
◎白菜の甘糀漬け

52 献立 2
◎塩糀の根菜ポトフ
◎チーズバゲット

54 献立 3
◎冷やし中華　蒸し鶏の甘糀ごまソース

55 献立 4
◎水キムチの天津飯

56 献立 5
◎ツナと発酵トマトのパスタ

57 献立 6
◎豆乳ヨーグルトドリア

58 献立 7
◎スンドゥブ風
　あさりと豆腐の甘糀チゲ鍋
◎しょうゆ糀の鶏そぼろごはん
◎水キムチ

60 献立 8
◎発酵玉ねぎのオムレツ
◎ザワークラウトとベーコンのスープ
◎パン

62 献立 9
◎甘糀みそ煮込みうどん

第4章

晩ごはんの献立

64 献立 1
◎発酵玉ねぎハンバーグ
◎塩糀の粉ふきいも
◎にんじんと発酵玉ねぎのポタージュ
◎ごはん

66 献立 2
◎さばの塩糀漬け焼き
◎柿酢の焼きマリネ
◎長いもの甘糀練り梅あえ
◎えのきと玉ねぎのみそ汁
◎ごはん

68 献立 3
◎鶏肉とザワークラウトのトマト煮込み
◎ほたてのカルパッチョ
　発酵玉ねぎドレッシング
◎パン

70 献立 4
◎柿酢酢豚
◎発酵玉ねぎのコーンクリームスープ
◎ごはん

72 献立 5
◎鮭とザワークラウトのホイル焼き
◎ごぼうの甘糀みそ煮
◎大根とみょうがの塩糀汁
◎ごはん

74 献立 6
◎豚しゃぶと3種の発酵薬味だれ
　・しょうゆ糀のねぎポン酢
　・甘糀みそのごまだれ
　・甘糀コチュジャンみそ
◎きゅうりとセロリのしょうゆ糀漬け
◎ごはん

76 献立7
◎鶏のしょうゆ糀から揚げ
◎なすの甘糀みそ田楽
◎いか塩糀ユッケ
◎わかめと油揚げのみそ汁
◎ごはん

78 献立8
◎たらとじゃがいもの豆乳クリーム煮
◎発酵トマトのラタトゥイユ
◎パン

80 献立9
◎豚肉の甘糀みそ漬け焼き
◎れんこんの塩麹焼き
◎オクラとわかめのみそ汁
◎ごはん

82 献立10
◎ザワークラウト餃子
◎水キムチとあさりのスープ
◎ごはん

84 献立11
◎発酵トマトと発酵玉ねぎの
　ポークビーンズ
◎豆乳ヨーグルトポテトサラダ
◎パン

86 献立12
◎甘糀コチュジャンのえびチリ
◎もやしとほうれん草の塩糀ナムル
◎塩糀のかき玉汁
◎ごはん

88 調味料の選び方
94 保存容器のこと
95 殺菌・消毒のこと

本書の決まり
＊大さじ1は15㎖、小さじ1は5㎖、1カップは200㎖です。
＊こうじには「麹」、「糀」の2つの字があります。麹は漢字で、米、麦、大豆などの穀物全般でつくられるものを指しますが、糀は国字で、米糀のことを表します。
＊油はふだんお使いのものでかまいませんが、私は和食など全般的な料理にはこめ油を、洋食にはオリーブオイルを使っています。
＊だしは、昆布、かつお昆布、干ししいたけの3種類の水だしを使い分けています。レシピではおすすめのだしを表記していますが、ふだんお使いのだしでも大丈夫です。だし汁と表記しているものは、かつお昆布だしのことです。

◎昆布だし
　昆布（10㎝四方）は表面のほこりをさっと洗い流すか、かたく絞ったぬれぶきんで拭く。容器に水500㎖、昆布を入れて、冷蔵庫で3時間以上おく。3日ほどで使いきる。
◎かつお昆布だし
　昆布（8㎝四方）は表面のほこりをさっと洗い流すか、かたく絞ったぬれぶきんで拭く。容器に水1ℓ、昆布、花かつお（30g）を入れて、冷蔵庫で半日以上おく。3日ほどで使いきる。
◎干ししいたけだし
　干ししいたけ（3個）のほこりを流水でさっと洗い流す。容器に水500㎖、干ししいたけを入れて、冷蔵庫で1時間以上おく。2日ほどで使いきる。
＊もどしたしいたけは料理に使う。

第1章
つくりおき発酵食の レシピ

発酵食をつくっておくと、
日々の献立づくりが簡単で、ラクになります。
第1章では、私がつくっている発酵食の中から、
使いやすく、使い道の幅が広いものを紹介。
糀を使った発酵調味料、
野菜を塩で乳酸発酵させたものなど、
まずは気になる一品からでもよいので、
ぜひ、つくってみてください。

つくりおき発酵食のうれしいポイント

「発酵食」で「つくりおき」と聞くと、なんだか難しそうな気がすると思いますが、
実は、どれもすごく簡単。体によいだけではなく、少ない材料で、
手軽につくれて、なおかつおいしいから無理なく続けられます。

1：簡単につくれる

本書の発酵食のつくり方はとてもシンプル。刻んだ野菜に塩を混ぜるだけ、糀に塩やしょうゆを混ぜるだけで、あとは時間がたてば自然と発酵が進みます。また、塩糀や甘糀などの発酵調味料に野菜を漬けると、即席の漬けものに。朝ごはんなどの副菜として、冷蔵庫から出すだけなので便利です。

2：日もちする

基本的には数週間、ものによっては半年〜1年ほど日もちします。ただし、使いきれない量をつくってしまうと、使いきるのがおっくうになってしまうので、最初は少量からつくることをおすすめします。冷蔵庫に何種類かストックがあると、毎日、違う発酵食を食べられるので、飽きずに続けられます。

3：料理に使いやすい

塩糀やしょうゆ糀などの発酵調味料は、それだけで味が決まるので、いろいろな調味料を合わせる必要がありません。また、発酵玉ねぎや発酵トマト、ザワークラウトなどは、すでに材料が刻まれ、水分も抜けているため、ハンバーグや煮込みにそのまま入れるだけと、調理時間も短くてすみます。

4：うまみが増す

発酵することでうまみが増すので、いつもの料理がより味わい深く、まろやかに。たとえば、納豆に甘糀を加えたり、トマトの水煮の代わりに発酵トマトを使えば、ひと味違った味わいになります。また、豆乳ヨーグルトでホワイトソースやクリーム煮、マヨネーズのようなコクのあるソースもつくれます。

◎発酵玉ねぎ

塩で乳酸発酵させた玉ねぎのみじん切り。
煮込みやハンバーグ、
ドレッシングにすぐ使えます。

材料（つくりやすい分量）
玉ねぎ‥‥3個
塩‥‥小さじ½

つくり方

玉ねぎをみじん切りにする。

ボウルに入れ、塩を加える。

下からふんわりと持ち上げるようにして、しんなりするまで1分くらい混ぜる。

保存容器に入れてふたをし、常温に1～2日（夏場は半日）おいてから冷蔵庫に入れる。カビないように、1日1回かき混ぜる。2～3日して酸味が出てきたら完成（ふたを開けたときにポンと音がする）。

＊冷蔵庫で保存し、2～3週間もつ。

◎発酵トマト

酸味が強めなトマトソース。
トマト煮込みやミートソースなど
洋風料理に重宝します。

材料（つくりやすい分量）
トマト‥‥中3個
塩‥‥小さじ1

つくり方

1. トマトは1cm角に切り（皮が気になるなら湯むきする）、塩を加える。やわらかいトマトの場合は、皮ごと四つ割りにしてトマトをつぶすように混ぜ、発酵後、皮を取り除いてもよい。

2. スプーンでかき混ぜ、水分が出てきたら保存容器に入れる。発酵すると量が増えるので、ビンの九分目くらいまでにする。

3. ふたをして常温に1～2日（夏場は半日）おいてから冷蔵庫に入れる。カビないように1日1回かき混ぜ、2～3日して気泡が出てきたら完成。

4. かき混ぜたときに、ふたやビンの縁に水滴がついていたら、ペーパータオルで拭く（カビないように）。

＊冷蔵庫で保存し、2～3週間もつ。果肉が沈殿してくれば酸味が出ている。

◎ザワークラウト

ドイツの酸っぱいキャベツは、
乳酸発酵によるもの。
紫キャベツでつくると色がきれいです。

材料（つくりやすい分量）
キャベツ‥‥½個
　（芯を取った状態で約500g）
塩‥‥小さじ1
　（食べてみて塩けが薄ければ小さじ½
　を足す）

つくり方

1 キャベツをせん切りにする。

2 ボウルに入れ、塩を加える。

3 下からふんわりと持ち上げるように混ぜ、しんなりしてきたら、指先でもみ込む。

4 保存容器に入れ、上にキャベツの葉をぴったりかぶせて下のキャベツが空気に触れないようにする。ふたをして常温に2〜3日（夏場は半日）おいてから冷蔵庫に入れる。酸味が出てきたら完成。

＊冷蔵庫で保存し、3か月ほどもつ。

◎水キムチ

韓国でおなじみの水キムチは、
酸味のある汁も栄養豊富。
りんごの代わりに梨を使っても。

材料（つくりやすい分量）
白菜‥‥¼個
にんじん(輪切り)‥‥少々
りんご(薄切り)‥‥4枚
しょうが(薄切り)‥‥4枚
米のとぎ汁‥‥500㎖
塩‥‥小さじ2
砂糖‥‥小さじ1

つくり方

1

鍋に米のとぎ汁、塩小さじ1、砂糖を入れて沸騰直前まで温め、冷めたらりんご、しょうがを入れて少しおく。

2

白菜はざく切りにし、塩小さじ1を加えてふんわりと混ぜ、しんなりして水分が出るまでおく。にんじんも塩少々(分量外)をふって、水分を出す。

3

白菜とにんじんの水けをよく絞ってから保存容器に入れる。

4

1の漬け汁を注ぎ、ふたをして常温に1〜2日(夏場は半日)おいてから冷蔵庫に入れる。3日ほどして酸味が出てきたら完成。

＊冷蔵庫で保存し、1週間ほどもつ。

◎甘糀(あまこうじ)

砂糖よりも甘みが少なく、うまみがあってまろやか。
濃縮した甘酒なので、保存性も高いです。
砂糖代わりに使えます。

材料（つくりやすい分量）
乾燥糀‥‥200g
水‥‥200㎖

糀のもどし方

乾燥糀は水でもどしてから使います。生糀を使う場合はもどす必要はありません。

1 板状の乾燥糀は、手で適当な大きさに割ってから、手のひらですり合わせてほぐす。

2 同量の水を加える。1袋200gの糀に対して、水は200㎖（分量外）。ヘラなどで軽く混ぜ、水を行き渡らせる。そのまま5〜10分おく。

つくり方

1 もどした糀を炊飯器の内釜に入れる。

2 1に水を加える。ひたひたよりもやや少ないくらいが目安。

3 炊飯器のふたを開けたままにしてふきんをかぶせ（落ちないように箸を渡す）、保温スイッチを入れる。

4 1時間したら、しゃもじでかき混ぜる。水分が少なくなっていたら、水を足して2の状態にする。その後は、3時間おきにかき混ぜ（回数は多くてもよい）、8時間ほどで完成。
＊保温して3時間過ぎると糖化がはじまり、ジャムのようになる。糖化がはじまる前に水を入れすぎると、濃縮した甘糀にはならないので、水分量に気をつけること。

＊保存容器に入れ、冷蔵庫で1か月ほど、冷凍で半年ほどもつ。

◎甘糀コチュジャン(写真上)

辛みがおだやかな
和風コチュジャンといったもの。
中華料理や韓国料理のベースに。

◎甘糀みそ(写真下)

甘糀にみそを混ぜるだけ。
そのまま田楽みそとして使えます。
みそ煮やみそ漬けにも。

[甘糀コチュジャン]

材料 (つくりやすい分量)
甘糀(p.20)‥‥200g
みそ‥‥20g
にんにく(皮をむいて半分に切る)‥‥2片
粉唐辛子‥‥大さじ4
塩‥‥小さじ2
酢‥‥小さじ2
しょうがの絞り汁‥‥大さじ2

つくり方
にんにくは水でぬらしてアルミホイルで包み、オーブントースターでやわらかくなるまで焼く。材料すべてを保存容器に入れ、ブレンダーなどで攪拌する。冷蔵庫で1日熟成させる。
＊日に日に熟成が進み、1か月ほどもつ。

[甘糀みそ]

材料 (つくりやすい分量)
甘糀(p.20)‥‥250g
みそ‥‥150g

つくり方
甘糀とみそを混ぜる。保存容器に入れて、冷蔵庫で1日熟成させる。
＊日に日に熟成が進み、3か月ほどもつ。

21

◎塩糀

うまみたっぷりなので、
塩代わりに使うと、よりふくよかな味に。
何にでも使えて便利です。

材料（つくりやすい分量）

乾燥糀‥‥200g

塩‥‥70g

水‥‥200〜250ml

つくり方

1 もどした糀（p.20参照）に塩を加える。

2 手で糀をつぶすようにもみながら混ぜる。しっとりしてきて、握ったときに指の跡が残るくらいまで。

3 水を加えて混ぜる。

4 保存容器に入れてふたをして常温におき、1日1回かき混ぜる。とろっとしてきたら完成。

＊1週間ほど（夏場は2〜3日）たったら冷蔵庫で保存し、6か月ほどもつ。

◎しょうゆ糀

しょうゆ漬けになった糀も活用でき、
豆腐にかけるだけでもおいしい。
糀をもみつぶすのがポイント。

材料（つくりやすい分量）
乾燥糀‥‥200g
しょうゆ‥‥300g

つくり方

1 もどした糀（p.20参照）にしょうゆを加える。

2 手で糀をつぶすようにもみながら混ぜる。

3 液体を使いたいなら、しょうゆをさらに加えてもよい。保存容器に入れてふたをして常温におき、1日1回かき混ぜる。なじんだら完成。

＊1日たったら冷蔵庫で保存し、3か月ほどもつ。

◎豆乳ヨーグルト

市販のヨーグルトを使うのでとても簡単。
豆乳を使うと常温におくだけでかたまります。
牛乳ヨーグルトよりさらっとした味わい。

材料（つくりやすい分量）
プレーンヨーグルト‥‥大さじ1〜2
無調整豆乳‥‥300㎖

つくり方

保存容器にヨーグルトを入れる。

豆乳を加える。

かき混ぜて、常温に8時間ほどおく。かたまったら完成。

＊冷蔵庫で保存し、1週間ほどもつ。このヨーグルトを種菌として、同様につくれる。

◎甘糀漬け

大根の甘糀べったら漬け(写真左)

甘糀を使うと、
即席のべったら漬けができます。
塩でしっかりと
野菜の水けを出すのがポイント。

白菜の甘糀漬け(写真右)

白菜は大きく切って漬けると
つくりやすい。
塩をほんの少し入れると、
味が引き締まります。

[大根の甘糀べったら漬け]
材料（つくりやすい分量）
大根‥‥¼本(約250g)
塩‥‥小さじ1
　（大根の重さの2％）
A
　甘糀(p.20)‥‥大さじ4
　塩‥‥小さじ1

[白菜の甘糀漬け]
材料（つくりやすい分量）
白菜‥‥⅛個(約250g)
塩‥‥小さじ1
　（白菜の重さの2％）
A
　甘糀(p.20)‥‥大さじ4
　塩‥‥小さじ1
　赤唐辛子(小口切り)‥‥少々

つくり方

1 大根は皮をむき、いちょう切りにする。

2 白菜はポリ袋に入れて塩を加え(葉と葉の間にも入れる)、空気を抜いて口をしばり、30分以上おく。

3 大根も同様にポリ袋に入れて塩を加え、空気を抜いて口をしばり、30分以上おく。

4 大根と白菜の水けを絞り、それぞれにAを加えて味をなじませる。

＊冷蔵庫で保存し、白菜は2日ほど、大根は3日ほどもつ。

◎塩糀漬け

きのこの塩糀漬け(写真左)

きのこは数種類を混ぜて
「きのこストック」に。
そのままおつまみにも、
だしを加えればきのこ汁に。

キャベツの塩糀漬け(写真右)

ザクザク切って、
塩糀を入れるだけ。
浅漬け感覚で、
野菜がたっぷり食べられます。

[きのこの塩糀漬け]
材料（つくりやすい分量）
きのこ（しめじ、ひらたけ、
　しいたけ）‥‥各100g
塩糀(p.22)‥‥大さじ3
酒‥‥大さじ1

[キャベツの塩糀漬け]
材料（つくりやすい分量）
キャベツ‥‥1/4個（約200g）
にんじん‥‥1/3本（約40g）
塩糀(p.22)‥‥大さじ3

つくり方

1 しめじ、ひらたけは小房に分け、しいたけは石づきを取り、4等分に切る。熱湯に酒を入れ、1〜2分さっとゆでてざるに上げる。

2 粗熱が取れたら保存容器に入れ、塩糀を加えて混ぜる。なじんだら完成。

3 キャベツはざく切りに、にんじんはせん切りにする。

4 ポリ袋に入れて塩糀を加え、もんでから空気を抜くように圧力をかけ、口をしばる。しんなりしたら完成。

＊冷蔵庫で保存し、きのこは1週間ほど、キャベツは3日ほどもつ。

◎しょうゆ糀漬け

きゅうりのしょうゆ糀漬け(写真上)
セロリのしょうゆ糀漬け(写真下)

パリパリとした食感が楽しめる
きゅうりのお漬けもの。
セロリでつくるのもおすすめです。

［きゅうりのしょうゆ糀漬け］
材料（つくりやすい分量）
きゅうり‥‥2本(約500g)
しょうが(せん切り)‥‥20g
赤唐辛子(小口切り)‥‥少々
塩‥‥小さじ1
A
  しょうゆ糀(p.23)
    ‥‥大さじ2
  しょうゆ‥‥大さじ2
  みりん‥‥大さじ2
  酢‥‥大さじ1
  塩‥‥ひとつまみ

＊セロリのしょうゆ糀漬けは、セロリ1本(約100g／斜め薄切り)、塩小さじ½で同様につくれる(しょうがは入れない)。

つくり方

きゅうりは輪切りにする。

ポリ袋に入れて塩を加え、空気を抜いて口をしばる。20分ほどおく。

鍋にAを入れて火にかけ、沸騰したら火を止める。

保存容器に水けをきったきゅうりとしょうが、赤唐辛子を入れ、熱いうちに3を注ぐ。1日たつと水が抜けてほどよい塩けになる。

＊冷蔵庫で保存し、1週間ほどもつ。

◎柿酢漬け

みょうがの柿酢漬け(写真上)

漬けると鮮やかなピンク色に
なるので、添えものにぴったり。
シャキシャキの食感が小気味いい。

かぶの柿酢漬け(写真下)

柿酢に甘みがあるので、
やさしい味わいの酢漬けに。
皮はむかずに歯ごたえを残します。

［みょうがの柿酢漬け］
材料（つくりやすい分量）
みょうが‥‥3個
A
　柿酢‥‥大さじ2
　砂糖‥‥大さじ½
　塩‥‥ひとつまみ

［かぶの柿酢漬け］
材料（つくりやすい分量）
かぶ‥‥2個（約300g）
塩‥‥小さじ1と¼
　（かぶの重さの2％）
昆布（細切り）‥‥3cm角1枚
赤唐辛子（小口切り）‥‥少々
A
　柿酢‥‥大さじ5
　砂糖‥‥大さじ3
　塩‥‥小さじ1

＊昆布はコンロの火であぶると
　はさみで切りやすくなる。

つくり方

1

みょうがは縦半分に切り、熱湯で30秒ゆでる。熱いうちに、混ぜ合わせたAに漬ける。

2

かぶは、皮つきのまま12等分のくし形切りにする。

3

ポリ袋に入れて塩を加え、空気を抜いて口をしばり、30分ほどおく。

4

水けをきって保存容器に入れ、昆布、赤唐辛子、混ぜ合わせたAを加えて漬ける。半日くらいおいたら食べられる。

＊冷蔵庫で保存し、2週間ほどもつ。

柿酢について

左ページの柿酢漬けは、柿酢を使ってつくります。
甘みがあってまろやかな柿酢は、
炭酸水や水で割って飲むほか、
漬けものやドレッシングづくりに役立ちます。
昔の人は、秋に採れた柿を下記のように発酵させて、
柿酢をつくるのが季節の手仕事でした。
今は質のよい市販品があるので、
ぜひ活用してみてください。

つくり方

1 柿はやわらかくなるまで常温におく。ぬれぶきんで柿の表面のほこりを拭き、皮ごと4等分くらいに切り、保存容器に入れる。

2 すりこぎやマッシャーなどで果肉をつぶす。果肉が空気に触れないように、果汁に浸った状態にする。ふたをして常温におき、乳酸発酵を促す。

3 1日1〜2回かき混ぜる。10日ほどすると発泡し、果実が上に上がってくる。

4 アルコールのツンとしたにおいがしてきたら、ガーゼやペーパータオルなど通気性のあるふたにして、輪ゴムなどで留めて酢酸発酵させる。カビ防止のため、ときどきかき混ぜる。2週間前後で酸味が出てきて酢に変わったら、果肉をこして保存容器に入れる。ふたをして野菜室に入れ、半年ほど熟成させて完成（その後1年ほどで使いきる）。

＊柿を醸造させて酢をつくる場合、酒税法により製造免許を取得する必要があり、整った設備などが必要です。上記のつくり方は参考のため掲載しています。

みそ汁の素について

みそ汁は手軽に取れる発酵食。そこで、お湯を注ぐだけで簡単につくれる、
みそ汁の素を紹介します。忙しい朝ごはんや、時間のない晩ごはんに。
また、ラップで包んで「みそ玉」にして、お弁当と一緒に持っていくのもおすすめです。

基本のみそ汁の素（写真右下）

材料（約10杯分）
好みのみそ‥‥150g
乾燥わかめ‥‥大さじ1
粉がつお‥‥小さじ1

つくり方
1. 乾燥わかめが大きい場合はもむようにして細かくする。
2. 材料すべてをよく混ぜて、保存容器に入れる。

＊冷蔵庫で保存し、10日ほどもつ。

焼きみそ汁の素（写真右上）

材料（約10杯分）
豆みそ（好みのみそでも可）
　‥‥150g
しょうが（みじん切り）‥‥8g
乾燥ねぎ‥‥小さじ1

つくり方
1. みそとしょうがを混ぜ合わせる。
2. アルミホイルに1を薄くのばし、オーブントースターや魚焼きグリルで表面をこんがり焼く。
3. 粗熱が取れたら、乾燥ねぎと合わせて保存容器に入れる。

＊冷蔵庫で保存し、10日ほどもつ。

［みそ汁のつくり方］

お椀に、みそ汁の素大さじ1と好みのトッピングを入れ、熱湯150〜160mlを注いで混ぜる。

＊おすすめのトッピング…あおさのり、麩（手まり麩、花麩、小町麩、板麩、うず巻き麩など）、乾燥糸寒天、ちりめんじゃこ

第2章
朝ごはんの献立

朝ごはんは、とにかく時間がないので、
なるべく簡単にすませたいものです。
私は、常備菜を何品かつくっておき、
それを少量ずつ出して、献立にしています。
そうすることで、いろいろな発酵食を
一度に食べられて、バランスもよくなります。
和食ならみそ汁、洋食ならヨーグルトや
スムージーなどでも発酵食を取り入れます。

朝ごはんの献立 1

私の定番の朝ごはんの献立をご紹介します。
つくりおきの甘糀納豆や漬けものなどの常備菜をいくつか出すだけで、品数豊富なプレートに。
汁ものは、だし汁にきのこの塩糀漬けを入れて温めただけ。

甘糀納豆
→レシピは p.47
＊器に盛り、小口切りにした長ねぎを添える。

ごぼうの梅煮
→レシピは p.45
＊器に盛るだけ。

塩糀の きのこ汁

材料（1人分）
きのこの塩糀漬け(p.26)‥‥30g
油揚げ（短冊切り）‥‥¼枚
しょうゆ‥‥小さじ½
だし汁‥‥200㎖

つくり方
鍋に材料を入れてさっと煮る。味が足りないときは塩で味を調える。

かぶと みょうがの 柿酢漬け
→レシピは p.28
＊器に盛るだけ。

黄身の しょうゆ糀 漬け
→レシピは p.48
＊器に盛り、青じそのせん切りをのせる。

○甘糀納豆
○塩糀のきのこ汁
○黄身のしょうゆ糀漬け
○ごぼうの梅煮
○かぶとみょうがの柿酢漬け
○ごはん

- 塩鮭の甘糀漬け焼き
- 塩糀小豆かぼちゃ
- オクラのしょうゆ糀あえ
- キャベツの塩糀漬け
- 豆腐のみそ汁
- ごはん

朝ごはんの献立 2

塩鮭を甘糀に漬けておくと、塩けがまろやかになってより食べやすくなります。
主菜が魚なので、野菜の常備菜や豆腐のみそ汁などを組み合わせて、
バランスのよい献立にしました。

塩鮭の甘糀漬け焼き

材料（1人分）
塩鮭‥‥1切れ
甘糀(p.20)‥‥大さじ2

つくり方
1 塩鮭を甘糀に漬ける。ポリ袋に入れるか、ラップで包むとよい。
2 1時間〜ひと晩、冷蔵庫におく。魚焼きグリルの弱火で両面を焼く。

オクラのしょうゆ糀あえ

材料（1〜2人分）
オクラ‥‥4本
しょうゆ糀(p.23)‥‥大さじ1
白すりごま‥‥大さじ1
砂糖‥‥小さじ1

つくり方
1 オクラを2〜3分ゆでてざるに上げ、ヘタを切る。
2 しょうゆ糀、すりごま、砂糖を混ぜ合わせ、1をあえる。

塩糀小豆かぼちゃ

→レシピは p.44
＊器に盛るだけ。

キャベツの塩糀漬け

→レシピは p.26
＊器に盛るだけ。

豆腐のみそ汁

材料（1人分）
豆腐‥‥20g　　だし汁‥‥200㎖
わかめ‥‥10g　みそ‥‥大さじ1強
長ねぎ‥‥5g

つくり方
1 豆腐はさいの目切りにする。鍋にだし汁とわかめを入れて煮る。
2 みそを溶かし入れ、豆腐を加えて弱火で温める。
3 器に盛り、小口切りにした長ねぎを入れる。

朝ごはんの献立3

常備菜のひじきのしょうゆ糀煮は、そのままでおかずにもなりますし、
しらす干しなどと一緒にごはんに混ぜてもおいしい。
根菜たっぷりの五目酢炒りは、お酢の効果で胃がさっぱりします。

しょうゆ糀ひじきの混ぜごはん

材料（1人分）
ひじきのしょうゆ糀煮(p.44)‥‥30g
しらす干し‥‥20g
ごはん‥‥150g
青じそ(せん切り)‥‥1枚
甘糀練り梅(p.47)‥‥小さじ½

つくり方
1 ごはんにひじき煮としらす干しを混ぜる。
2 器に盛り、青じそを散らし、練り梅を添える。

しじみのみそ汁

材料（1人分）
しじみ(砂抜き済みのもの)‥‥50g
みそ‥‥大さじ1強
細ねぎ(小口切り)‥‥少々

つくり方
1 鍋に水200mlとしじみを入れて火にかける。アクが出てきたら取る。
2 貝がしっかり開いてエキスが出てきたら、みそを溶かし入れる。器に盛り、細ねぎを散らす。

五目酢炒り

→レシピはp.46
＊器に盛るだけ。

大根の甘糀べったら漬け

→レシピはp.25
＊器に盛るだけ。

◎しょうゆ糀ひじきの
　混ぜごはん
◎五目酢炒り
◎しじみのみそ汁
◎大根の甘糀べったら漬け

◦根菜のみそ汁
◦おにぎり(練り梅、練りみそ)
◦昆布と干ししいたけの佃煮

朝ごはんの献立 4

この献立のメインディッシュは根菜たっぷりのみそ汁です。
主食のおにぎりには、甘糀を加えて練り上げた練り梅と練りみそをのせて。
だしがら昆布でつくった佃煮ともよく合います。

根菜のみそ汁

材料（1人分）
さといも‥‥小1個
ごぼう‥‥20g
にんじん‥‥10g
長ねぎ‥‥5cm
昆布だし‥‥200㎖
みそ‥‥大さじ1強

つくり方
1 さといもは皮をむいて輪切りにする。ごぼうはたわしなどで洗って土を落とす。ごぼう、にんじんは乱切りにする。長ねぎは1cm幅に切る。
2 鍋にさといも、ごぼう、にんじん、昆布だしを入れて火にかける。
3 根菜に火が通ったら長ねぎを入れ、みそを溶かし入れる。

おにぎり
（練り梅、練りみそ）

材料（1人分）
ごはん‥‥150g
塩‥‥適量
のり‥‥2枚
甘糀練り梅(p.47)‥‥小さじ½
甘糀練りみそ(p.47)‥‥小さじ½

つくり方
1 手水をつけてごはんを握る。塩をつけ、のりを巻く。
2 練り梅と練りみそをそれぞれにのせる。

昆布と干ししいたけの佃煮

→レシピは p.45
＊器に盛るだけ。

朝ごはんの献立5

洋風の朝ごはんに豆乳ヨーグルトは欠かせません。
パンには、自家製のザワークラウトなど野菜をたっぷりはさみました。
柿酢のフルーツ漬けを炭酸水や水で割ったドリンクは、暑い日におすすめ。

ザワークラウトとスモークサーモンのカラフルサンド

材料（1人分）
ザワークラウト（緑、紫／p.18）‥‥各20g
にんじんマリネ*‥‥20g
スモークサーモン‥‥4切れ
スライスチーズ‥‥1枚
食パン（12枚切り）‥‥2枚
マヨネーズ‥‥大さじ2
バター‥‥5g

つくり方
1. ザワークラウトの水けを軽く絞る。
2. 食パンの内側にバターとマヨネーズを塗る。
3. 2に紫のザワークラウト、スモークサーモン、緑のザワークラウト、スライスチーズ、にんじんマリネをのせ、もう1枚の食パンではさむ。
4. ワックスペーパーでしっかり押さえるようにして包み、20分ほどおいてから、ペーパーごと半分に切る。

*にんじんマリネは、にんじん適量をせん切りにして鍋に入れ、オリーブオイルと塩少々を加えて3分ほど蒸し煮にしたもの。

フルーツとグラノーラの豆乳ヨーグルト

材料（1人分）
豆乳ヨーグルト（p.24）‥‥100g
グラノーラ‥‥大さじ2
いちご‥‥1個

つくり方
器に豆乳ヨーグルト、グラノーラ、いちごを盛る。
好みでメープルシロップなどをかける。

柿酢のフルーツサワードリンク

材料（つくりやすい分量）
柿酢（p.29）‥‥400g　　りんご‥‥½個
砂糖‥‥100g　　オレンジ‥‥1個

つくり方
1. りんごはいちょう切りにし、オレンジは皮をむいて輪切りにする。
2. すべての材料を保存容器に入れ、1〜2日漬け込む。
3. 2を炭酸水（材料外）や水で割って飲む。

*冷蔵庫で保存し、3週間ほどもつ。
*酢やフルーツはお好きな組み合わせで。
　酢：フルーツ：砂糖＝4：4：1でつくれる。

◎ザワークラウトと
　スモークサーモンの
　カラフルサンド
◎フルーツとグラノーラの
　豆乳ヨーグルト
◎柿酢のフルーツサワードリンク

◦塩糀鶏ハムのサラダ
　豆乳ヨーグルトソース
◦トマトの豆乳ヨーグルトスムージー

朝ごはんの献立6

塩糀でつくった鶏ハムは、サラダの具にしたり、パンにはさんだり。
お弁当のおかずにも重宝します。豆乳ヨーグルトスムージーは、
バナナやブルーベリー、小松菜など好きな果物や野菜でつくれます。

塩糀鶏ハムのサラダ 豆乳ヨーグルトソース

材料（1人分）
塩糀鶏ハム(p.48)‥‥1/2枚分
リーフレタス‥‥3枚
アボカド‥‥1/2個
ミニトマト‥‥3個
ゆで卵‥‥1/2個
食パン‥‥1/4枚
A
　豆乳ヨーグルト(p.24)‥‥大さじ4
　白みそ‥‥小さじ1
　レモン汁‥‥小さじ1/3
　オリーブオイル‥‥大さじ1
　塩、こしょう‥‥各少々
パルメザンチーズ(すりおろす)‥‥適量
粗びき黒こしょう‥‥少々

つくり方
1. Aの材料は混ぜ合わせる。
2. 鶏ハムとアボカドは2cm角に、ミニトマトとゆで卵は半分に切る。食パンは2cm四方に切り、オーブントースターで軽く焼く。
3. ボウルにリーフレタスをちぎって入れ、2をのせる。1のソースをかけ、パルメザンチーズ、こしょうをふる。

トマトの豆乳ヨーグルトスムージー

材料（1人分）
豆乳ヨーグルト(p.24)‥‥100ml
トマト‥‥1/2個
はちみつ‥‥大さじ1
レモン汁‥‥少々

つくり方
トマトはざく切りにし、その他の材料とともにブレンダーにかける。

常備菜いろいろ

◎ ひじきのしょうゆ糀煮

材料（つくりやすい分量）
芽ひじき（乾燥）‥‥20g
しょうゆ糀(p.23)‥‥大さじ3
ごま油‥‥大さじ1

つくり方

1. 芽ひじきは20分ほど水でもどして、水けをきる。
2. 鍋にごま油を熱し、1を炒める。
3. ひじきに火が通ったら、しょうゆ糀を入れ、水分がなくなるまで炒め煮にする。

*冷蔵庫で保存し、1週間ほどもつ。
*サラダのトッピング、卵焼きや豆腐ハンバーグの具などに使える。

◎ 塩糀小豆かぼちゃ

材料（つくりやすい分量）
小豆‥‥½カップ
かぼちゃ‥‥150g
塩糀(p.22)‥‥大さじ1

つくり方

1. かぼちゃは種とわたを取り、3cm角に切る。
2. 鍋に洗った小豆、水3カップを入れ、強火にかける（水でもどさなくてもよい）。沸騰したら中火にして、やわらかくなるまで煮る。水分が少なくなってきたら差し水を1カップずつ入れる。
3. かぼちゃと塩糀を加え、かぼちゃの八分目まで水を足し、やわらかくなるまで煮る。

*冷蔵庫で保存し、5日ほどもつ。

常備菜があると、冷蔵庫から出すだけで朝ごはんの食卓が華やぎます。野菜がもう一品欲しいときやごはんのおともに。どれも最小限の味付けなので、飽きずに食べられます。

◎ごぼうの梅煮

材料（つくりやすい分量）
ごぼう‥‥80g
梅干し‥‥3個

つくり方

1. ごぼうはたわしなどで洗って土を落とす。5㎝長さに切り、太いものは縦半分か縦4等分に切る。
2. 鍋にごぼうと梅干しを入れ、水をひたひたより少し上まで入れる。
3. 弱火で4～12時間煮る。途中で水が少なくなってきたら水を足す。ごぼうがやわらかくなり、梅の味がついて酸味が取れたらでき上がり。最後は水分が少なくなるまで煮詰める。

＊ときどき火を止めて、時間をおいてから再開してもよい。冷蔵庫で保存し、10日ほどもつ。

◎昆布と干ししいたけの佃煮

材料（つくりやすい分量）
だしがら昆布‥‥150g
干ししいたけ‥‥20g（約3個）
しょうゆ‥‥大さじ4
酢‥‥大さじ2
みりん‥‥大さじ2
酒‥‥大さじ2
砂糖‥‥大さじ1

つくり方

1. 昆布は2㎝四方に切る。干ししいたけは150mlの水でもどし、薄切りにする。もどし汁は取っておく。
2. すべての材料（もどし汁も）を鍋に入れ、途中でアクを取りながら、中火で20分ほど煮詰める。

＊冷蔵庫で保存し、2週間ほどもつ。

◎五目酢炒り

材料（つくりやすい分量）

大根‥‥200g
にんじん‥‥100g
れんこん‥‥100g
干ししいたけ‥‥4個
かんぴょう（乾燥）‥‥10g
だし汁‥‥100㎖
しょうゆ‥‥大さじ4
砂糖‥‥大さじ1
酢‥‥大さじ2
塩‥‥少々
白炒りごま‥‥小さじ1
油‥‥大さじ3

つくり方

1 干ししいたけは200㎖の水でもどし、薄切りにする。もどし汁は取っておく。
2 かんぴょうはさっと水洗いし、ひとつまみの塩（分量外）をもみ込む。流水で洗って水けをきり、沸騰した湯で5〜7分ゆでる。
3 大根、にんじんは短冊切りに、れんこんは半月切りにする。
4 鍋に油をひき、3の根菜、1のしいたけを炒め、しんなりしたら、2の水けをきり、3cm長さに切ってから加える。
5 全体に油が回ったら、1のもどし汁100㎖、だし汁、しょうゆ、砂糖を入れて3分ほど煮る。
6 火を止める前に酢と塩、炒りごまを入れ、火を止めてふたをし、蒸らしながら冷ます。

＊冷蔵庫で保存し、1週間ほどもつ。翌日以降のほうが、味が染み込んでおいしい。

常備菜いろいろ

◎甘糀納豆

材料（つくりやすい分量）
納豆‥‥240g
にんじん‥‥½本
白炒りごま‥‥大さじ1
しょうゆ‥‥大さじ2
甘糀(p.20)‥‥大さじ2

つくり方
にんじんはせん切りにし、すべての材料を混ぜ合わせる。

＊すぐに食べられるが、冷蔵庫で1週間ほど保存もできる。5分ほど水でもどした糸昆布、または塩昆布を入れてもよい。

◎甘糀練りみそ

材料（つくりやすい分量）
甘糀(p.20)‥‥250g
みそ‥‥150g
しょうが（みじん切り）‥‥20g
長ねぎ（みじん切り）‥‥10cm
油‥‥少々

つくり方
1 甘糀とみそを混ぜ合わせる（p.21の甘糀みそを使ってもよい）。
2 フライパンに油をひき、しょうがと長ねぎを炒める。1を加え、ほどよいかたさになるまで弱火で練る。

＊冷蔵庫で保存し、2週間ほどもつ。

◎甘糀練り梅

材料（つくりやすい分量）
梅干し‥‥150g（種を除いた正味）
甘糀(p.20)‥‥100g

つくり方
1 梅干しは水に2〜3時間浸し、軽く塩抜きをする。
2 水けを拭いて種を取り、果肉を裏ごしするか、ブレンダーでペースト状にする。
3 鍋に梅干しと甘糀を入れ、ほどよいかたさになるまで弱火で練る。

＊冷蔵庫で保存し、1か月ほどもつ。

◎黄身のしょうゆ糀漬け

材料（1個分）
卵の黄身‥‥1個
しょうゆ糀(p.23)‥‥大さじ1
みりん‥‥小さじ1

つくり方
1 おちょこなどの小さな器にしょうゆ糀とみりんを入れ、黄身をそっと入れる。
2 黄身全体が調味料に浸るようにして、ラップをかけて半日～1日、冷蔵庫におく。
＊冷蔵庫で保存し、3日ほどもつ。ごはんのおともに。

常備菜いろいろ

◎塩糀鶏ハム

材料（つくりやすい分量）
鶏もも肉‥‥1枚(300g)
塩糀(p.22)‥‥大さじ2～3

つくり方
1 鶏肉は観音開きにして、2cmほどの厚さで平らにする。フォークで両面に穴を開け、塩糀を全体に塗る。端から丸めて棒状にし、ラップで包む。冷蔵庫で3時間～ひと晩寝かせる。
2 ラップを外し、全体がかぶるくらいまで水を注ぎ、火にかける。沸騰したら弱火にして5分ゆでる。火を止めてゆで汁ごと冷めるまでおく。
＊冷蔵庫で保存し、3日ほどもつ。
＊ゆで汁はスープに使える。ゆで汁ごと保存してもよい。

昼ごはんは、ひとりで食べることが多いので、
後片付けも簡単になるように
ワンプレートやどんぶりものにします。
通常は発酵食ではない定番メニューにも
それぞれに手づくりの発酵食が入っているので、
体にもやさしく届き、おいしさも増します。
つくりおき発酵食を使うと
シンプルな料理もうまみたっぷりに。

第3章

昼ごはんの献立

昼ごはんの献立1

晩ごはんで余ったまぐろの刺身を、漬けにして翌日の昼食に。
キリッとしたしょうゆ漬けのまぐろを、とろろとアボカドでやさしくまとめました。
まろやかな白菜の甘糀漬けとよく合います。

まぐろの
しょうゆ糀
漬け丼

材料（1人分）
まぐろの刺身‥‥6切れ
しょうゆ糀(p.23)‥‥大さじ2
酒‥‥大さじ1
みりん‥‥大さじ1
長いも‥‥30g
アボカド‥‥¼個
ごはん‥‥120g
のり(細切り)、細ねぎ(小口切り)‥‥各少々

つくり方
1 鍋に酒とみりんを入れて火にかけ、沸騰したら火を止めて冷ます。
2 バットなどに1としょうゆ糀を合わせ、まぐろを漬ける。半日～1日冷蔵庫におく。
3 長いもはすりおろし、アボカドはスライスする。どんぶりにごはんを盛り、まぐろの漬け、アボカド、とろろをのせ、細ねぎとのりを散らす。

なめこの
みそ汁

材料（1人分）
なめこ‥‥30g
絹さや‥‥2枚
だし汁‥‥200㎖
みそ‥‥大さじ1強

つくり方
1 なめこはさっと水で洗う。
2 鍋にだし汁となめこ、筋を取った絹さやを入れて煮る。みそを溶かし入れて火を止める。

白菜の
甘糀漬け

→レシピはp.25
＊器に盛るだけ。

◦まぐろのしょうゆ糀漬け丼
◦なめこのみそ汁
◦白菜の甘糀漬け

○塩糀の根菜ポトフ
○チーズバゲット

昼ごはんの献立2

味付けは塩糀のみのシンプルなポトフ。
鶏手羽元と昆布のだしが野菜に染みわたります。
ポトフがやさしい味なので、付け合わせのパンにはチーズをのせて、コクをもたせました。

塩糀の根菜ポトフ

材料（2人分）
鶏手羽元‥‥4本
大根‥‥100g
にんじん‥‥1/2本
玉ねぎ‥‥中1個
じゃがいも‥‥小2個
ごぼう‥‥15cm
塩糀(p.22)‥‥大さじ2
昆布だし‥‥250㎖
粗びき黒こしょう‥‥少々
オリーブオイル‥‥少々

つくり方
1. 大根、にんじんは乱切りに、玉ねぎは8等分のくし形切りにする。じゃがいもは半分に切り、ごぼうは斜め4等分に切る。
2. 鍋に水250㎖と1、鶏肉、塩糀を入れ、ふたをして蒸し煮にする。
3. 具材に火が通ったら、昆布だしを入れて5分ほど軽く煮る。
4. 器に盛り、こしょうをふり、オリーブオイルを回しかける。

チーズバゲット

材料（1人分）
フランスパン‥‥2切れ
シュレッドチーズ‥‥適量
パセリ‥‥少々

つくり方
フランスパンにチーズをのせ、オーブントースターで焼く。パセリのみじん切りをのせる。

昼ごはんの献立3

塩糀で蒸し煮にした鶏肉に、甘糀のごまソースをかけてバンバンジー風に。
中華麺にのせると夏らしい一品になりますが、蒸し鶏だけで晩ごはんのおかずにも。
野菜はきゅうりもよく合います。

冷やし中華
蒸し鶏の甘糀ごまソース

材料（1人分）

鶏もも肉‥‥100g
塩糀(p.22)‥‥大さじ1
A
　甘糀みそ(p.21)‥‥大さじ3
　白練りごま‥‥大さじ1
　白すりごま‥‥小さじ1
　酢‥‥小さじ1
　塩‥‥ひとつまみ
　長ねぎ（みじん切り）‥‥5cm
中華麺‥‥1玉
香菜（ざく切り）、トマト（くし形切り）‥‥各適量

つくり方

1. 鶏肉の両面にフォークで穴を開け、塩糀を全体にまぶす。小鍋に入れ、鍋の1/3の高さまで水を加えて火にかける。沸騰したら弱火にし、ふたをして5分ほど蒸し、そのまま冷ます。
2. Aの材料は混ぜ合わせる（かたければ水で薄める）。
3. 中華麺をゆでて冷水で締め、水けをきって器に盛る。1の鶏肉をそぎ切りにしてのせ、2のソースを適量かけ、香菜、トマトをのせる。

昼ごはんの献立4

水キムチの漬け汁と具を使ってほんのり酸味のあるあんかけにしました。
具を増やせば八宝菜にもなります。ここではシンプルな卵焼きにかけて、天津飯に。
卵に豆乳ヨーグルトを入れるとふっくら焼き上がります。

水キムチの天津飯

材料（1人分）
- 水キムチの漬け汁(p.19)‥‥50㎖
- 水キムチの野菜(p.19)‥‥20g
- だし汁‥‥100㎖
- グリンピース‥‥5個
- A
  - しょうゆ、酒‥‥各小さじ1
  - 砂糖、塩‥‥各ひとつまみ
- 片栗粉‥‥大さじ1
- 卵‥‥2個
- 豆乳ヨーグルト(p.24)‥‥大さじ2
- ごはん‥‥200g
- ごま油、白こしょう‥‥各少々

つくり方
1. 鍋に水キムチの漬け汁とだし汁、水キムチの野菜を入れて火にかける。
2. 煮立ったらA、グリンピースを加える。
3. 再度煮立ったら弱火にし、水溶き片栗粉（片栗粉を水大さじ1で溶いたもの）を回し入れ、とろみをつける。
4. ボウルに卵を溶き、豆乳ヨーグルトを加えて混ぜ、フライパンで半熟に焼く。
5. どんぶりにごはんを盛って4の卵焼きをのせ、3のあんをかける。ごま油を回しかけ、こしょうをふる。

昼ごはんの献立5

発酵トマトの酸味がきいたパスタ。
トマトだけだと酸っぱめですが、ツナやベーコンの脂を組み合わせるとちょうどよい。
発酵トマトと発酵玉ねぎ、ひき肉でミートソースにするのもおすすめです。

ツナと発酵トマトのパスタ

材料（1人分）
- ツナ（缶詰）‥‥40g
- 発酵トマト(p.17)‥‥120g
- 玉ねぎ‥‥¼個
- しめじ‥‥¼パック
- トマトケチャップ‥‥大さじ2
- 塩‥‥少々
- オリーブオイル‥‥少々
- パスタ‥‥90g
- バジルの葉‥‥4枚
- 粗びき黒こしょう‥‥少々

つくり方
1. 玉ねぎは繊維に沿って薄切りにし、しめじは小房に分ける。
2. フライパンにオリーブオイルを熱し、1を炒める。発酵トマトを加えて5分ほど煮たら、ケチャップと塩で味を調え、最後にツナを加えて火を止める。
3. パスタをゆでて器に盛る。2のソースをかけ、バジルの葉をのせ、こしょうをふる。

昼ごはんの献立6

豆乳ヨーグルトでホワイトソースもつくれます。
豆乳ヨーグルトがさっぱりしているので、生クリームを少しだけ入れましたが、
全体的にあっさり軽い味わいで、胃にもたれません。

豆乳ヨーグルトドリア

材料（1人分）

鶏もも肉‥‥60g
ほうれん草‥‥1/2束
玉ねぎ‥‥1/4個
しめじ‥‥1/4パック
薄力粉‥‥大さじ1
生クリーム‥‥50㎖
豆乳ヨーグルト(p.24)‥‥100㎖
塩、こしょう‥‥各少々
オリーブオイル‥‥大さじ1
ごはん‥‥200g
パルメザンチーズ(すりおろし)、
　パン粉‥‥各大さじ1

つくり方

1. ほうれん草はゆでて水にさらし、水けを絞って3cm長さに切る。玉ねぎは繊維に沿って薄切りにし、しめじは小房に分ける。鶏肉は2cm角に切る。
2. フライパンにオリーブオイルを熱し、鶏肉を炒める。玉ねぎ、しめじを加えて炒め、薄力粉を加えて炒める。
3. 水50㎖と生クリームを少しずつ入れて、だまにならないようにのばす。
4. とろみがついてきたら豆乳ヨーグルト、ほうれん草を加えて温め、塩、こしょうで味を調える。
5. 耐熱皿にオリーブオイル(分量外)を塗り、ごはんを入れ、4をかける。
6. パルメザンチーズ、パン粉をふり、オーブントースターで焼き色がつくまで加熱する。

昼ごはんの献立 7

韓国の人気鍋、スンドゥブは、甘糀コチュジャンで簡単につくれます。
一般的なものより、甘みがあって辛さは控えめ。
ごはんには、常備菜にもなるしょうゆ糀の鶏そぼろをトッピング。

スンドゥブ風あさりと豆腐の甘糀チゲ鍋

材料（1人分）
豆腐‥‥120g
あさり（砂抜き済みのもの）‥‥5個
にら（5cm長さに切る）‥‥1本
昆布だし‥‥200ml
みそ‥‥大さじ3
甘糀コチュジャン(p.21)‥‥大さじ2

つくり方
1. 鍋に昆布だし、あさりを入れて火にかける。
2. 煮立ってきて、あさりの口が開いたら、みそと甘糀コチュジャンを加える。豆腐、にらを加えて温める。

しょうゆ糀の鶏そぼろごはん

材料（つくりやすい分量）
鶏ひき肉‥‥200g
しょうゆ糀(p.23)‥‥大さじ3
みりん‥‥大さじ3
しょうが（すりおろす）‥‥大さじ1
塩‥‥ひとつまみ
ごはん（1人分）‥‥120g
細ねぎ（小口切り）‥‥少々

つくり方
1. 鍋にしょうゆ糀、みりん、しょうがを入れて火にかけ、煮立ったらひき肉を入れて菜箸でかき混ぜ、そぼろ状にする。
2. 水分がなくなってきたら火を止め、塩で味を調える。
3. 器にごはんを盛り、そぼろを適量のせ、細ねぎを散らす。

＊鶏そぼろは冷蔵庫で保存し、4日ほどもつ。

水キムチ

→レシピは p.19

＊器に盛るだけ。汁にも乳酸菌がたっぷり含まれているので、汁も飲むとよい。

- スンドゥブ風
  あさりと豆腐の甘糀チゲ鍋
- しょうゆ糀の鶏そぼろごはん
- 水キムチ

- 発酵玉ねぎのオムレツ
- ザワークラウトと
 ベーコンのスープ
- パン

昼ごはんの献立 8

発酵玉ねぎがあれば、ひき肉とさっと炒めるだけでオムレツの具がすぐにできます。
ザワークラウトとベーコンのだしが溶け出したスープは、
少なめの水で煮ると、うまみをしっかり感じられます。

発酵玉ねぎのオムレツ

材料（1人分）
卵‥‥2個
豚ひき肉‥‥50g
発酵玉ねぎ(p.16)‥‥50g
トマトケチャップ‥‥大さじ1
塩、こしょう‥‥各少々
油‥‥小さじ2
チャービル（あれば）‥‥1本

つくり方
1. 卵に塩ひとつまみ（分量外）を入れ、溶きほぐす。
2. フライパンに油小さじ1を熱し、発酵玉ねぎを炒める。透き通ってきたらひき肉を加えて炒める。
3. トマトケチャップ、塩、こしょうで味を調え、ボウルに取り出す。
4. フライパンをさっと洗い、油小さじ1を熱して、1の卵を入れる。菜箸で全体をかき混ぜ、半熟になったら弱火にする。
5. 3を卵の中央よりやや奥に広げ、木の葉形になるように包み、チャービルをのせる。

ザワークラウトとベーコンのスープ

材料（1人分）
ザワークラウト(p.18)‥‥30g
ベーコン（ブロック）‥‥50g
塩、粗びき黒こしょう‥‥各少々

つくり方
1. ベーコンは7mm厚さの細切りにする。鍋に入れて火にかけ、脂が出るまで炒める。
2. ザワークラウトを加え、軽く炒める。水250mlを加え、ふたをしてだしが出るまで煮込む。塩で味を調える。
3. 器に盛り、こしょうをふる。

＊ザワークラウトの酸味が強いときは、はちみつ、または砂糖小さじ1/4を入れるとよい。

昼ごはんの献立9

だし汁に甘糀みそを加えて煮込むだけで、みそ煮込みうどんも簡単にできます。
やさしい甘さのみそなので、コクがあってまろやか。
具はお好みでいろいろと試してみてください。

甘糀みそ煮込みうどん

材料（1人分）
豚ロース薄切り肉‥‥80g
白菜‥‥80g
ごぼう‥‥8cm
春菊‥‥2本
だし汁‥‥400ml
甘糀みそ(p.21)‥‥75g
うどん(ゆで)‥‥1玉

つくり方
1. 白菜は3cm長さに切り、ごぼうは斜め薄切りにする。春菊は長さを半分に切る。
2. 鍋にだし汁と甘糀みそを入れて火にかけ、白菜、ごぼうを加えて煮る。
3. 野菜が煮えてきたら、うどん、豚肉、春菊を入れて煮る。

第4章
晩ごはんの献立

晩ごはんは、ボリュームのある主菜に
副菜や汁ものを組み合わせた
献立にすることが多いです。
つくりおき発酵食を使うと
手が込んでいるように見える料理も
意外と簡単にできるのがうれしいところ。
献立どおりにつくらなくてもよいので、
お好みの組み合わせで試してみてください。

晩ごはんの献立 1

発酵玉ねぎを使うと、ひき肉と混ぜるだけでハンバーグのでき上がり。
ポタージュにも発酵玉ねぎを入れて、甘みとうまみを出します。
付け合わせの粉ふきいもは、最後に塩糀を絡めるだけ。

- 発酵玉ねぎハンバーグ
- 塩糀の粉ふきいも
- にんじんと発酵玉ねぎの
  ポタージュ
- ごはん

発酵玉ねぎハンバーグ

材料（2人分）
合いびき肉‥‥200g
発酵玉ねぎ(p.16)‥‥100g
卵‥‥1個
パン粉‥‥大さじ2
牛乳（または豆乳）‥‥大さじ2
塩‥‥小さじ½
こしょう、ナツメグ‥‥各少々
A
　バター‥‥10g
　赤ワイン‥‥大さじ3
　トマトケチャップ‥‥大さじ3
　ウスターソース‥‥大さじ2
　砂糖‥‥小さじ1
油‥‥小さじ1

つくり方
1. ひき肉に塩、こしょう、ナツメグを加えてよく練る。
2. パン粉と牛乳を混ぜ合わせて1に加え、発酵玉ねぎ、卵も加えてよく混ぜる。
3. 粘りが出てきたら2等分の楕円形に整え、真ん中をへこませる。
4. フライパンに油を熱して3を入れ、ふたをして弱火で両面を焼く。竹串を刺して出てくる肉汁が透明になったら取り出す。
5. 4のフライパンにAを入れ、味の加減をしながら煮詰める。
6. ハンバーグを器に盛り、5のソースをかけ、クレソン（材料外）を添える。

塩糀の粉ふきいも

材料（2人分）
じゃがいも‥‥2個
塩糀(p.22)‥‥小さじ2

つくり方
1. じゃがいもの皮をむいてひと口大に切り、さっと洗う。
2. 鍋に入れ、ひたひたの水を加えて強火にかける。
3. じゃがいもがやわらかくなったら湯を捨て、鍋をゆすりながら粉をふかせる。塩糀を加えて味を絡める。

＊にんじんマリネはp.40のサンドイッチの具と同じ。

にんじんと発酵玉ねぎのポタージュ

材料（2人分）
にんじん‥‥中1本(150g)
発酵玉ねぎ(p.16)‥‥100g
昆布だし‥‥400㎖
バター‥‥10g
塩‥‥小さじ½
オリーブオイル‥‥小さじ2
粗びき黒こしょう‥‥少々

つくり方
1. にんじんは薄い輪切りにする。鍋を温めてバターを溶かし、にんじん、発酵玉ねぎ、水50㎖、塩を加える。ふたをして5分、中火で蒸し煮にして甘さを出す。
2. 昆布だしを加え、やわらかくなるまで煮て、ミキサーで攪拌する。
3. 器に盛り、オリーブオイルを回しかけ、こしょうをふる。

晩ごはんの献立2

塩糀に漬けるだけで、自家製の塩さばがあっという間に完成。
好みの野菜でつくれる柿酢のマリネは、日もちもするのでつくりおきにも。
からだが喜ぶ、野菜たっぷりの焼き魚定食です。

- さばの塩糀漬け焼き
- 柿酢の焼きマリネ
- 長いもの甘糀練り梅あえ
- えのきと玉ねぎのみそ汁
- ごはん

さばの塩糀漬け焼き

材料（2人分）
さば（三枚おろし）・・・・1切れ
塩糀(p.22)・・・・大さじ1
大根おろし、青じそ・・・・各適量

つくり方
1. さばは半分に切って流水でよく洗い、ペーパータオルで水けを拭いて塩糀に漬ける。ポリ袋に入れるか、ラップで包むとよい。1時間〜ひと晩、冷蔵庫におく。
2. 皮に切り目を入れ、魚焼きグリルの弱火で両面を焼く。
3. 器に盛り、大根おろし、青じそを添える。

えのきと玉ねぎのみそ汁

材料（2人分）
えのきたけ・・・・20g
玉ねぎ・・・・¼個
だし汁・・・・400㎖
みそ・・・・大さじ3
細ねぎ（小口切り）・・・・少々

つくり方
1. えのきたけは石づきを取って3等分に切る。玉ねぎは繊維に沿って薄切りにする。
2. 鍋にだし汁、1を入れて煮る。火が通ったら、みそを溶き入れる。
3. 器に盛り、細ねぎを散らす。

柿酢の焼きマリネ

材料（2人分）
ズッキーニ・・・・80g
パプリカ（赤・黄）・・・・各¼個
グリーンアスパラガス・・・・3本
かぼちゃ・・・・80g
A
　柿酢(p.29／米酢でも可)・・・・大さじ1と½
　オリーブオイル・・・・大さじ1と½
　砂糖・・・・小さじ¾
　塩・・・・ひとつまみ

つくり方
1. ズッキーニは輪切りにし、パプリカは縦半分に切る。アスパラガスは2等分の斜め切りにし、かぼちゃは薄切りにする。
2. フライパンにオリーブオイル少々（分量外）を入れて1を焼く。
3. Aの材料はよく混ぜて容器に入れる。
4. 3に2を漬けて冷蔵庫で半日ほどおき、味をなじませる。

＊冷蔵庫で保存し、3日ほどもつ。

長いもの甘糀練り梅あえ

材料（2人分）
長いも・・・・100g
甘糀練り梅(p.47)・・・・小さじ4
のり（細切り）・・・・少々

つくり方
長いもは1cm角に切り、甘糀練り梅であえる。器に盛り、のりを散らす。

晩ごはんの献立3

酸味のあるザワークラウトを使うと、さっぱりとしたトマト煮込みに。
合わせるサイドディッシュは、器に盛るだけのカルパッチョ。
発酵玉ねぎを使ったドレッシングをたっぷりとかけて。

鶏肉とザワークラウトのトマト煮込み

材料（2人分）
鶏もも肉‥‥1枚（約200g）
ザワークラウト(p.18)‥‥200g
トマト水煮缶‥‥1缶（400g）
しめじ‥‥1パック
薄力粉‥‥大さじ3
ローリエ‥‥1枚
オリーブオイル‥‥大さじ2
塩‥‥小さじ1
こしょう‥‥少々
パルメザンチーズ（すりおろす）‥‥少々

つくり方
1. 鶏肉はひと口大に切り、薄力粉をまぶす。しめじは小房に分ける。
2. 鍋にオリーブオイルをひき、鶏肉の両面を焼く。ザワークラウト、トマト水煮、しめじ、水200㎖、ローリエを入れて15分ほど煮る。
3. 塩、こしょうで味を調える。器に盛り、パルメザンチーズをかける。

＊ザワークラウトの酸味が気になるときは、メープルシロップやはちみつを少し加える。

ほたてのカルパッチョ発酵玉ねぎドレッシング

材料（2人分）
ほたて‥‥4〜6個
ベビーリーフ‥‥40g
A
　発酵玉ねぎ(p.16)‥‥大さじ3
　オリーブオイル‥‥大さじ3
　レモン汁（または酢）‥‥大さじ1
　塩‥‥小さじ½
　砂糖‥‥小さじ¼
　粗びき黒こしょう‥‥少々

つくり方
1. ほたては横2〜3枚に切る。
2. Aの材料は混ぜ合わせる。
3. 器にベビーリーフと1を盛り、2を回しかける。あればレモンの皮（国産／材料外）をすりおろしてかける。

◦鶏肉とザワークラウトの
　トマト煮込み
◦ほたてのカルパッチョ
　発酵玉ねぎドレッシング
◦パン

晩ごはんの献立4

大ぶりにカットした肉と野菜で食べごたえのある酢豚は、
柿酢のやさしい酸味で食べやすい。まろやかなコーンクリームスープを添えました。
発酵玉ねぎを炒めて入れるとコクが増します。

○柿酢酢豚
○発酵玉ねぎの
　コーンクリームスープ
○ごはん

柿酢酢豚

材料（2人分）
豚肩ロースかたまり肉
　‥‥180g
干ししいたけ‥‥2枚
玉ねぎ‥‥½個
にんじん‥‥⅓本
ピーマン‥‥1個
たけのこ（水煮）‥‥80g
塩、こしょう‥‥各少々
しょうゆ、酒
　‥‥各大さじ1
片栗粉‥‥大さじ3

A
柿酢(p.29／黒酢、
　米酢でも可)
　‥‥大さじ5
しょうゆ‥‥大さじ3
砂糖‥‥大さじ3
塩‥‥少々
油‥‥大さじ3
こしょう、糸唐辛子
　‥‥各少々

つくり方
1. 干ししいたけは300mlの水でもどす。もどし汁は取っておく。
2. 豚肉は1cm厚さに切る。塩、こしょうをふり、しょうゆ、酒に漬けておく。下味がついたら、片栗粉大さじ2をまぶす。
3. 玉ねぎは4等分のくし形切りにし、にんじんとピーマンは乱切りにする。軽く水けを絞った干ししいたけと、たけのこは薄切りにする。
4. フライパンに油大さじ2を熱し、豚肉の両面を焼いて、いったんバットに取り出す。油大さじ1を足し、3を炒める。
5. 干ししいたけのもどし汁200ml、水100ml、Aをボウルに合わせてから4に回し入れ、野菜に火を通す。豚肉を戻し入れて火を弱め、水溶き片栗粉（片栗粉大さじ1を水大さじ1で溶いたもの）を回し入れ、中火にする。へらで全体を混ぜて、とろみがついたら火を止める。
6. 器に盛り、こしょうをふり、糸唐辛子をのせる。

発酵玉ねぎのコーンクリームスープ

材料（2人分）
発酵玉ねぎ(p.16)‥‥100g
コーンクリーム缶‥‥1缶(190g)
昆布だし‥‥200ml
オリーブオイル‥‥大さじ1
塩‥‥少々

つくり方
1. 鍋にオリーブオイルを熱し、発酵玉ねぎを透き通るまで炒める。
2. コーンクリームと昆布だしを入れてさっと煮る。塩で味を調える。

晩ごはんの献立5

ザワークラウトの酸味をきかせた鮭のホイル焼きに、
ごぼうや大根などの根菜を組み合わせて、あっさりとした献立に。
ごぼうのみそ煮は、常備菜のごぼうの梅煮(p.45)からもつくれます。

- 鮭とザワークラウトのホイル焼き
- ごぼうの甘糀みそ煮
- 大根とみょうがの塩糀汁
- ごはん

鮭と ザワークラウトの ホイル焼き

材料（2人分）
生鮭‥‥2切れ
ザワークラウト(p.18)‥‥80g
しめじ‥‥½パック
レモン‥‥½個
塩、粗びき黒こしょう‥‥各少々
オリーブオイル‥‥小さじ2

つくり方
1 20㎝長さのアルミホイルを2枚用意する。それぞれにザワークラウト40g、生鮭を1切れずつ置く。
2 1に塩、こしょうをふり、輪切りにしたレモンを1枚ずつのせる。
3 2にオリーブオイルと残ったレモンのしぼり汁を等分にかける。しめじをのせ、アルミホイルの上部を閉じて包む。
4 フライパンに並べ、ふたをして中火で8〜10分、蒸し焼きにする。

ごぼうの 甘糀みそ煮

材料（2人分）
ごぼう‥‥80g
酢‥‥小さじ1
甘糀みそ(p.21)‥‥大さじ2
白すりごま‥‥小さじ1

つくり方
1 ごぼうはたわしなどで洗って土を落とす。4㎝長さに切り、太いものは縦半分か縦4等分に切る。
2 鍋にごぼうを入れ、ひたひたの水と酢を加え、ごぼうがやわらかくなるまで煮る。
3 甘糀みそを加え、水分が少なくなるまで煮て、すりごまを絡める。

大根と みょうがの 塩糀汁

材料（2人分）
大根‥‥30g
みょうが‥‥1個
だし汁‥‥400㎖
塩糀(p.22)‥‥小さじ2
しょうゆ‥‥小さじ1
三つ葉‥‥少々

つくり方
1 大根をスライサーなどでごく薄くスライスしてからせん切りにする。みょうがも縦にせん切りにする。
2 だし汁(かつお節と昆布で濃いめにとったもの)を温め、塩糀、しょうゆで味を調える。
3 器に1を入れ、2を注ぎ、三つ葉をのせる。

晩ごはんの献立6

3種類のたれを好きにつけて食べる、野菜たっぷりの鍋。具はお好みのものでかまいません。
ねぎポン酢とコチュジャンみそを合わせるなど、たれ同士の組み合わせも楽しんでみてください。

豚しゃぶと3種の発酵薬味だれ

材料（2人分）
豚ロース薄切り肉‥‥200g
大根‥‥100g
にんじん‥‥100g
しいたけ‥‥4枚
水菜‥‥30g
くずきり（乾燥）‥‥10g
昆布‥‥6cm
［しょうゆ糀のねぎポン酢］
　長ねぎ（みじん切り）‥‥10cm
　しょうゆ糀（p.23）‥‥大さじ5
　酢、ごま油‥‥各大さじ1
　砂糖‥‥ひとつまみ
［甘糀みそのごまだれ］
　甘糀みそ（p.21）‥‥大さじ6
　白練りごま‥‥大さじ3
　白すりごま‥‥小さじ1
　酢‥‥小さじ2
［甘糀コチュジャンみそ］
　甘糀コチュジャン（p.21）‥‥大さじ5
　甘糀みそ（p.21）‥‥大さじ3

つくり方
1. 鍋に昆布と水を入れておく。大根、にんじんはピーラーなどで縦に薄くスライスする。しいたけと水菜は半分に切る。くずきりは湯でもどしておく。
2. たれの材料をそれぞれ混ぜ合わせておく。
3. 1の具をすべて鍋に入れて火にかける。沸騰したら豚肉を入れてさっと煮る。
4. 好みの薬味だれをつけて食べる。鍋のスープを少し入れてもおいしい。

きゅうりとセロリのしょうゆ糀漬け

→レシピは p.27
＊器に盛るだけ。

◎豚しゃぶと3種の発酵薬味だれ
　・しょうゆ糀のねぎポン酢
　・甘糀みそのごまだれ
　・甘糀コチュジャンみそ
◎きゅうりとセロリのしょうゆ糀漬け
◎ごはん

しょうゆ糀の
ねぎポン酢

甘糀みその
ごまだれ

甘糀コチュジャン
みそ

晩ごはんの献立 7

しょうゆ糀につけた鶏のから揚げは、コクがあってジューシー。
いか塩糀ユッケは、いかを塩糀に漬けることで塩辛のような味わいになります。
なすに甘糀みそを塗っただけのみそ田楽は、すぐにできる一品。

- 鶏のしょうゆ糀から揚げ
- なすの甘糀みそ田楽
- いか塩糀ユッケ
- わかめと油揚げのみそ汁
- ごはん

鶏のしょうゆ糀から揚げ

材料（2人分）
鶏もも肉‥‥400g
A
　しょうゆ糀(p.23)‥‥大さじ2
　酒‥‥大さじ2
　しょうが汁‥‥大さじ1
　塩‥‥小さじ½
　こしょう‥‥少々
片栗粉‥‥大さじ4
揚げ油‥‥適量
レモン‥‥½個

つくり方
1　鶏肉をひと口大に切ってボウルに入れ、Aをもみ込む。常温で15〜20分、冷蔵庫なら2時間以上おく。
2　1に片栗粉をまぶし、180℃の油で揚げる。食べるときにレモンをしぼりかける。

いか塩糀ユッケ

材料（2人分）
いかそうめん‥‥100g
塩糀(p.22)‥‥小さじ2
卵黄‥‥1個分
青じそ（せん切り）‥‥2枚

つくり方
1　容器にいかそうめんと塩糀を合わせ、冷蔵庫に半日〜1日おく。
2　器に盛り、青じそ、卵黄をのせる。

なすの甘糀みそ田楽

材料（2人分）
なす‥‥2本
甘糀みそ(p.21)‥‥大さじ4
みりん‥‥大さじ1
白炒りごま‥‥少々
油‥‥少々

つくり方
1　なすは縦半分に切り、さっと水につけ、ペーパータオルで水けを拭く。切り口に斜め格子の切り込みを入れる。
2　フライパンに油を熱し、なすの両面を焼く。
3　甘糀みそとみりんを小鍋に入れ、弱火で練る。
4　2に3を塗り、炒りごまをふる。

わかめと油揚げのみそ汁

材料（2人分）
わかめ‥‥20g
油揚げ‥‥½枚
だし汁‥‥400㎖
みそ‥‥大さじ3

つくり方
油揚げは細切りにする。鍋にだし汁、油揚げ、わかめを入れてさっと煮て、みそを溶き入れる。

晩ごはんの献立8

クリーミーな主菜と、酸味のある副菜の組み合わせ。
豆乳ヨーグルトがあれば、クリーム煮も簡単にできます。
牛乳と生クリームでつくるよりも、さっぱりしていて食べ飽きません。

たらとじゃがいもの豆乳クリーム煮

材料（2人分）
生たら‥‥2切れ
じゃがいも‥‥2個
昆布だし‥‥200㎖
豆乳ヨーグルト(p.24)‥‥100㎖
生クリーム‥‥50㎖
塩、粗びき黒こしょう‥‥各少々
チャービル（あれば）‥‥2本

つくり方
1 たらに塩少々（分量外）をふり、10分ほどおいて水けを拭く。
2 じゃがいもは、スライサーで薄くスライスする。
3 鍋に昆布だしとじゃがいもを入れて煮る。
4 じゃがいもがやわらかくなったら、1のたら、豆乳ヨーグルト、生クリームを入れてたらに火が通るまで煮る。塩で味を調える。
5 器に盛り、こしょうをふり、チャービルをのせる。

発酵トマトのラタトゥイユ

材料（2人分）
発酵トマト(p.17)‥‥200g
ズッキーニ‥‥1本
玉ねぎ‥‥1個
パプリカ（黄・赤）‥‥各½個
にんにく‥‥1片
塩‥‥小さじ1
こしょう‥‥少々
オリーブオイル‥‥大さじ2
パン粉‥‥小さじ1
パルメザンチーズ（すりおろす）‥‥少々

つくり方
1 ズッキーニ、玉ねぎ、パプリカは1.5㎝角に切る。にんにくはみじん切りにする。
2 鍋にオリーブオイルとにんにくを入れて熱し、香りが出てきたら1の野菜を炒める。
3 発酵トマトを加えて煮る。水分が少なくなってきたら、塩、こしょうで味を調える。
4 耐熱皿に3を入れ、パン粉、パルメザンチーズをかけ、オーブントースターで焼き色がつくまで加熱する。

◦たらとじゃがいもの
　豆乳クリーム煮
◦発酵トマトのラタトゥイユ
◦パン

晩ごはんの献立 9

甘みそ味の豚肉を主菜にした和食の献立です。
甘糀みそがあれば、みそ漬け焼きも簡単にできます。しょうが焼き用の肉でつくってもOK。
副菜のれんこんは塩糀のみの味付けでシンプルに。

- 豚肉の甘糀みそ漬け焼き
- れんこんの塩麹焼き
- オクラとわかめのみそ汁
- ごはん

豚肉の甘糀みそ漬け焼き

材料（2人分）
豚ロースとんカツ用肉‥‥2枚（300g）
甘糀みそ(p.21)‥‥大さじ4
酒‥‥大さじ2
万願寺とうがらし‥‥6本
油‥‥少々

つくり方
1. 甘糀みそと酒を合わせたものを、豚肉に塗って冷蔵庫に1時間〜半日おく。
2. フライパンに油をひいて1を入れ、ふたをしてみそが焦げないように中火で両面焼く。
3. 万願寺とうがらしの中心部分に、縦に切り目を1本入れ、2と一緒に焼く。
4. 器に盛り、みょうがの柿酢漬け(p.28)を添える。

オクラとわかめのみそ汁

材料（2人分）
オクラ(小口切り)‥‥2本
わかめ‥‥20g
長ねぎ(小口切り)‥‥4cm
だし汁‥‥400ml
みそ‥‥大さじ3

つくり方
1. 鍋にだし汁、オクラ、わかめを入れて煮る。
2. みそを溶かし入れ、長ねぎを入れてすぐに火を止める。

れんこんの塩糀焼き

材料（2人分）
れんこん‥‥100g
塩糀(p.22)‥‥大さじ2
油‥‥大さじ2
赤唐辛子(小口切り)‥‥少々

つくり方
1. れんこんは5mm厚さの輪切りにし、酢水にさっとくぐらせる。
2. フライパンに油を入れ、水けをきったれんこんと赤唐辛子を入れ、ふたをして蒸し焼きにする。
3. 塩糀を加え、れんこん全体に絡ませたらすぐに火を止める。

晩ごはんの献立 10

餃子のあんにザワークラウトを使えば、キャベツのみじん切りも、塩もみの必要もなし。
ほどよい酸味とたっぷりのうまみで、いくつでも食べられます。
付け合わせには、水キムチのさっぱりしたスープを添えて。

ザワークラウト餃子

材料（2人分）
豚ひき肉‥‥180g
ザワークラウト(p.18)‥‥150g
にら‥‥20g
しょうが‥‥15g
A
　酒‥‥大さじ1
　しょうゆ‥‥大さじ1
　ごま油‥‥小さじ2
　塩、こしょう‥‥各少々
片栗粉‥‥大さじ1
餃子の皮(大判)‥‥20枚
油‥‥大さじ2

つくり方
1　ザワークラウトは軽く絞って水けをきる。にら、しょうがはみじん切りにする。
2　ボウルにひき肉、Aを入れ、粘りが出るまでよく混ぜる。片栗粉を加えて混ぜ、時間があれば2分ほどおく。
3　2に1を加えて混ぜる。
4　餃子の皮に3を等分にのせて、ひだを寄せながら包む。
5　フライパンに油を熱し、4を並べる。ふたをして焼き色がつくまで、強めの中火で加熱する。
6　フライパンのふたを少し開けて、ぬるま湯100mlを入れ、ふたをして蒸し焼きにする。
7　水分がなくなってきたら火を止める。酢、しょうゆ、ラー油(各材料外)を小皿に入れて添える。

水キムチとあさりのスープ

材料（2人分）
あさり(砂抜き済みのもの)‥‥6個
だし汁‥‥200ml
水キムチの漬け汁(p.19)‥‥200ml
水キムチの野菜(p.19)‥‥30g
しょうゆ‥‥小さじ1
塩‥‥少々
細ねぎ(小口切り)‥‥少々

つくり方
1　鍋にだし汁とあさり、水キムチの漬け汁と野菜を入れてあさりの口が開くまで煮る。
2　しょうゆ、塩で味を調える。器に盛り、細ねぎを散らす。

◎ザワークラウト餃子
◎水キムチとあさりのスープ
◎ごはん

晩ごはんの献立 11

メインディッシュは、発酵トマトと発酵玉ねぎの
ダブルの発酵食でつくったポークビーンズ。合わせるポテトサラダは、
豆乳ヨーグルトでつくったマヨネーズでクリーミーに仕立てます。

発酵トマトと発酵玉ねぎのポークビーンズ

材料（2人分）
豚もも肉（カレー用）‥‥200g
ミックスビーンズ‥‥400g
発酵玉ねぎ（p.16）‥‥100g
発酵トマト（p.17）‥‥300g
マッシュルーム（水煮）‥‥固形量45g
にんにく（みじん切り）‥‥1片
ローリエ‥‥2枚
ハーブミックス‥‥小さじ1
トマトケチャップ‥‥大さじ2
塩、こしょう‥‥各少々
油‥‥少々

つくり方
1. 豚肉を小さめのひと口大に切り、塩、こしょう少々（分量外）をふる。
2. 鍋に油とにんにくを入れて火にかける。香りが出てきたら、1を入れて表面を焼く。発酵玉ねぎを加えて炒める。
3. 発酵トマト、水300㎖、ローリエ、ハーブミックスを入れて20分煮込む。
4. ミックスビーンズ、マッシュルーム、ケチャップを入れて煮詰める。塩、こしょうで味を調える。

豆乳ヨーグルトポテトサラダ

材料（2人分）
じゃがいも‥‥3個
きゅうり‥‥½本
ハム（薄切り）‥‥2枚
ゆで卵‥‥1個
塩、こしょう‥‥各少々
A
　豆乳ヨーグルト（p.24）‥‥100g
　オリーブオイル‥‥大さじ2
　レモン汁‥‥¼個分
　塩‥‥小さじ½
　こしょう‥‥少々

つくり方
1. じゃがいもは皮をむいて2㎝角に切り、水からゆでる。やわらかくなったら湯をきり、火にかけて水けを飛ばしてからボウルに入れ、フォークの背などでつぶす。
2. きゅうりは薄い輪切りにして、塩ひとつまみ（分量外）をふり、5分ほどおいてから、水けを絞る。ハムは1.5㎝四方に切る。ゆで卵の白身をみじん切りにする。
3. Aの材料は混ぜ合わせる。
4. 別のボウルにきゅうり、ハム、3のマヨネーズ大さじ4、塩、こしょうを入れて混ぜる。
5. 1のボウルにゆで卵、4を加えて混ぜる。

- 発酵トマトと発酵玉ねぎの
  ポークビーンズ
- 豆乳ヨーグルトポテトサラダ
- パン

晩ごはんの献立 12

本格的な中華料理のえびチリも、甘みと辛さとコクを併せもった
甘糀コチュジャンがあれば、簡単につくれます。
シンプルなナムルとかき玉汁は、塩糀を加えてうまみをプラス。

○甘糀コチュジャンのえびチリ
○もやしとほうれん草の塩糀ナムル
○塩糀のかき玉汁
○ごはん

甘糀コチュジャンのえびチリ

材料（2人分）
えび‥‥10尾
片栗粉‥‥大さじ3
塩‥‥小さじ½
長ねぎ‥‥½本
にんにく‥‥1片
しょうが‥‥20g
甘糀コチュジャン(p.21)‥‥大さじ3
トマトケチャップ‥‥大さじ1
酢‥‥小さじ1
油‥‥大さじ1
ごま油‥‥小さじ1
糸唐辛子‥‥少々

つくり方
1. えびは殻と背わたを取る。ボウルに片栗粉大さじ2、塩、水大さじ2を入れ、よく混ぜてからえびを加えてもむ。流水で洗い、水けを拭く。
2. 長ねぎ、にんにく、しょうがはみじん切りにする。
3. フライパンに油を熱し、1を炒める。火が通ったらバットに取り出す。
4. フライパンに油を少し足し（分量外）、2を入れて香りが出るまで弱火で炒める。
5. 甘糀コチュジャン、ケチャップ、酢、水大さじ3を加え、煮立ったら3のえびを戻す。
6. 水溶き片栗粉（片栗粉大さじ1を水大さじ1で溶いたもの）を回し入れ、とろみがつくまで混ぜる。火を止めて、ごま油を回しかける。器に盛り、糸唐辛子を添える。

もやしとほうれん草の塩糀ナムル

材料（2人分）
もやし‥‥100g
ほうれん草‥‥1束（約200g）
白すりごま‥‥大さじ2
ごま油‥‥小さじ2＋大さじ1
塩糀(p.22)‥‥小さじ3

つくり方
1. もやしを洗い、沸騰した湯でさっとゆでる。ざるに上げて湯をきり、よく冷ます。
2. ほうれん草の根元を切ってよく洗い、沸騰した湯でゆでる。ざるに上げて冷水にさらし、水けを絞って5cm長さに切る。
3. ボウルに1、ごま油小さじ2、塩糀小さじ1を入れてあえる。
4. 別のボウルに2、すりごまを入れて混ぜる。ごま油大さじ1、塩糀小さじ2を加えてあえる。

塩糀のかき玉汁

材料（2人分）
卵‥‥1個
だし汁‥‥400mℓ
塩糀(p.22)‥‥小さじ⅔
酒‥‥大さじ1
しょうゆ‥‥小さじ½
片栗粉‥‥小さじ1
三つ葉‥‥3本

つくり方
1. 鍋にだし汁を入れて温め、塩糀、酒、しょうゆを加える。
2. 沸騰したら、水溶き片栗粉（片栗粉を水小さじ2で溶いたもの）を回し入れ、かき混ぜながらとろみをつける。
3. 卵をよく溶きほぐし、鍋に回し入れる。
4. 刻んだ三つ葉を入れ、ふたをして2～3分蒸らす。

調味料の選び方

◎みそ

　米みそと麦みそ、豆みそを使い分けています。基本のみそは、米糀と大豆、塩のみでつくられる米みそで、体を温めたいときやほっと落ち着きたいときに使います。九州や中国・四国地方でつくられている麦みそは、夏場の食欲がないときや、体の熱を取りたいときに。甘みがあってやさしい味で、冷や汁などによく合います。中部地方でつくられ、八丁みそとして知られる豆みそは、体を温める作用が強いので、みそ煮込みうどんやみそおでんなど、冬場に使います。キリッとした味で体を引き締めてくれます。

みそやしょうゆ、みりん、酢などは、それ自体が発酵食で、料理の土台となるものです。
昔ながらの製法でつくられていて、余計な材料を添加していないものを選びましょう。

◎しょうゆ

しょうゆは、短期間でつくる速醸法のものではなく、原材料がシンプルで、昔ながらの蔵づくりのものを選びます。商品によって味わいが異なるので、気になるものをいろいろ試しています。自家製のしょうゆ糀は、しょうゆより甘みがあるので、甘みやうまみが欲しいときに。もろみの食感もあるとろっとした液体で、きゅうりや豆腐にのせるだけでおいしく、炒めものに入れてもよいでしょう。体が弱っているときは細胞も開き、だるさやむくみが出るので、しょっぱいものや酸っぱいものをとって体を引き締めることを心がけています。

◎酒

使う銘柄はそのときどきで変わりますが、料理酒ではなく、添加物の入っていない清酒を選びます。いい酒を使うと風味がよくなり、うまみも増します。酒には、肉や魚の臭みを消したり、素材をやわらかくしたりする効果も。熊本の「東肥赤酒」は、もろみに木灰を加える「灰持（あくもち）」という製法でつくられた古来の日本酒。肉や魚を煮ても身がしまらずやわらかくなり、素材のうまみを引き出してくれます。甘みが強いので、みりんの代わりに使ってもよいでしょう。

調味料の選び方

◎塩

　塩は、自然の製法でつくられたものを選んでいます。「ぬちまーす」は、沖縄の宮城島の海水からつくられる、パウダー状の塩。沖縄の海塩にはいいものがたくさんあります。塩は、味付けのほかに、発酵玉ねぎなどの発酵食づくりに少量入れると、菌のバランスがよくなり、発酵を促す役目もあります。自家製の塩糀は、塩と同じように使いますが、マイルドな味わいで、うまみを引き出してくれます。魚介を塩糀に漬けて焼くほか、野菜をフライパンで焼いて塩糀で味付けするだけでもおいしい。野菜を塩糀に漬けると、即席の漬けものができます。

◎みりん

　みりんも、昔ながらの製法でつくられたものを使います。白扇酒造の「福来純 熟成本みりん」は3年熟成で、原材料のもち米も米糀も、岐阜県内のものを使用。煮魚をつくるときに入れると、煮崩れを防ぎ、臭みも取ってくれます。私は、甘みのある煮ものなどに砂糖はほとんど使わず、みりんか自家製の甘糀を使います。甘糀は濃縮した甘酒で、ほんのりやさしい甘みがあり、砂糖のように体に負担をかけません。みりんにはアルコール分がありますが、甘糀にはないので、納豆とあえるなど生でも使え、料理によって使い分けています。

調味料の選び方

◎酢

　酢は、米酢と黒酢を使い分けています。繊細な味の和食には米酢、コクをもたせたい料理には黒酢を使います。お気に入りは、米酢なら京都・飯尾醸造の「富士酢」、黒酢は鹿児島・福山でつくられる玄米黒酢「桷志田」。柿酢は、果実の甘みがあって酸味はまろやか。カリウムやポリフェノール、ビタミンCなどの栄養も豊富で、夏場に飲むサワードリンク用に常備しています。水や炭酸水で割って飲むと夏バテ防止に。漬けものやサラダのドレッシングなど、料理にも使えて便利です。

保存容器のこと

　容器は、においや色がつかないほうろうやガラス製のものがおすすめ。定番の「野田琺瑯」や「WECK」、「Ball」などを、サイズ違いでそろえています。1か月くらいの保存なら、特に熱湯で煮沸はせず、洗って乾燥させるか、清潔なふきんで拭く程度で十分。3か月くらい保存したいものは、熱湯を回しかけて軽く消毒し、よく乾燥させます。なお、発酵途中でかき混ぜたりするときに、容器の縁に中身の発酵食がついてしまうとカビの原因になるので、ペーパータオルで拭き取ることが大切です。

殺菌・消毒のこと

　いい発酵食をつくるには、いい発酵環境をつくることが大切です。そのためには、家の中を常に清潔にしておくこと。特にキッチンまわりでは清潔なふきんやスポンジを使い、こまめに掃除をします。台ふきんは乾きやすい目が粗いものを、食器用のスポンジも同様に乾きやすいものを選びます。洗剤は、自然の成分を使った環境にやさしいものを使用。100％天然成分の高濃度ミネラルからつくられた「マスターミネラル」や、昔から使われているクエン酸や重曹を、汚れによって使い分けています。

栗生隆子

くりゅう・たかこ

発酵生活研究家。Facebook「TGG豆乳ヨーグルト同好会」管理人。発酵食と冷え取りを生活に取り入れたことで、14歳のときに発症した潰瘍性大腸炎が自然治癒。以来、執筆や講演などで、発酵食のすばらしさを伝える活動を行っている。著書に『豆乳グルグルヨーグルトで腸美人！』（マキノ出版）、『からだにおいしい発酵生活』（宝島社）、『腸を元気にする"つくりおき"発酵食』（コスミック出版）、『発酵生活で新しい私に生まれ変わる』（ヒカルランド）。

ブックデザイン
茂木隆行

撮影
新居明子

スタイリング
駒井京子

校正
安久都淳子

DTP制作
天龍社

編集
広谷綾子

撮影協力
UTUWA
03-6447-0070

不調知らずの体になる

ここからはじめる発酵食

2019年7月20日　第1版発行
2021年4月15日　第4版発行

著　者　　栗生隆子
発行者　　関口　聡
発行所　　一般社団法人　家の光協会
　　　　　〒162-8448　東京都新宿区市谷船河原町11
　　　　　電話　03-3266-9029（販売）
　　　　　　　　03-3266-9028（編集）
　　　　　振替　00150-1-4724

印刷・製本　図書印刷株式会社

乱丁・落丁本はお取り替えいたします。
定価はカバーに表示してあります。
©Takako Kuryu 2019　Printed in Japan
ISBN978-4-259-56622-7　C0077